ALBAÑIL DE LA NOSTALGIA

POEMAS

José Luis Pérez Fuentes

Albañil de la nostalgia. Poemas

Primera Edición 2024

© José Luis Pérez Fuentes 2024

© Ediciones Rilke.
http://www.edicionesrilke.com
editorial@edicionesrilke.com
C/Dr. Fleming N.° 50, 4.° D
28036 Madrid
Teléfono: 34 91 999 13 12

ISBN-13:978-84-18566-50-9

Depósito Legal: M-28246-2024

ALBAÑIL DE LA NOSTALGIA

Poemas

JOSÉ LUIS PÉREZ FUENTES

A Chita y Pepe, como siempre.
También, naturalmente, a ella.
Y a Lola Fernández Oria,
mi bastón en los años de ceguera.

Marian: *Robin...*
Where there many women
on your great Crusade?

Robin: *Lots...*
But they all looked like you.
(ROBIN AND MARIAN, James Goldman)

EL SUEÑO INICIÁTICO

Sola ha llamado.

Al niño se le entra la alegría por los cauces directos del sentido. Brutal, desorbitada, repentina, igual que una riada. Así, de pronto, sin presentimiento.

La voz de Sola, inesperadamente. Como el azar, como fue siempre Sola.

Y de golpe: "No vengas". El puñal llega recto a la esperanza desbocada del niño. El niño..., torerillo quebrado por el asta en el momento exacto de la gloria: "No vengas".

Sola le sigue hablando. Ensartando un montón de explicaciones. El niño no recoge las palabras, pero el tono le suena tan ligero, tan vacío de culpa como si Sola le contara por qué hoy no va a ponerse los zapatos azules o por qué ya no llueve los domingos.

Había estado tres semanas arreglando el viaje, limando cada arista, cada obstáculo, con paciencia de orfebre; gozándose en el paso de los días que lo iba llevando hacia el reencuentro. Con la misma ilusión con que los niños preparan a conciencia lo imposible... Miró hacia el escritorio: allí estaban dispuestos los billetes, la reserva de hotel, las direcciones... Pero eran ya pasado.

Y Sola sigue hablando. El niño la imagina luminosa, sin una sombra de remordimiento en los ojos de ámbar, ausente del dolor que está causando, casi, casi feliz. Como antaño, en el tiempo en que solía encelarlo con historias de aquel novio lejano. Y al niño vuelve a doblársele la cintura del corazón, bajo el mismo trallazo de despecho que lo abatiera cuando adolescente.

"Claro que podrías venir aunque yo no estuviera...". Ahora Sola intuye que hace daño. Pero el niño también la quiere así, hiriendo en él, como arma vengadora de todas las mujeres desdeñadas por los hombres del mundo.

Y, mientras, Sola le sigue hablando. Cautelosa, quizás arrepentida, queriendo afianzarlo en la renuncia: "Pero no te obsesiones, en realidad tu amor no es más que un sueño de tu imaginación". Pobre Sola, huyendo siempre hacia la realidad, buscando siempre ese último refugio parcheado de fracasos, la realidad... Como si lo real fuera más cosa que otro sueño vulgar y equivocado.

El niño ya no discute si es amor, ya no defiende que es amor. Pero conoce que va con él desde hace treinta años, cuarenta años, novecientos años, tres millones de años... Que alguien debió de hincárselo hasta el fondo en las entrañas del espíritu, aun desde mucho antes de nacer. Incluso antes de que empezara a construirse el mundo. Pobre Sola, enfrentándose ingenua a ese gigante descomunal y bárbaro, mucho más fuerte que sus voluntades, la de ella y la del niño. Pobre Sola, débil y desvalida. Como antaño.

El niño vuelve a abrir el tabernáculo del alma. Allí en donde conserva los recuerdos de Sola, las palabras de Sola, los vestidos de Sola, los momentos, las horas, los instantes de Sola. Y los va recorriendo uno por uno: los pies de Sola rozando apenas en los escalones mientras bajaba hacia el último encuentro..., la falda gris de la primera cita..., la Facultad de entonces..., la melena de Sola rutilando contra el sol del oeste, aquella tarde antigua en la que el niño la encontró junto al mar.

Y los va recorriendo uno por uno, poniéndolos en fila, acariciándolos, casi a escondidas, sigilosamente. No vaya a ser que el tiempo se los robe, que alguno se le pierda entre los recovecos de la vida: los recuerdos de Sola..., como esas canicas de colores que forman el tesoro de los niños.

Debió de haber pasado mucho tiempo. Era de noche y Sola ya no estaba. Él se quedó allí un rato todavía, esperando otra vez por lo imposible. Y lloraba.

Por eso ahora los versos.

El niño ya no sabe si los versos llegarán a destino. No sabe ya el destino de los versos. Por no saber, ni sabe tan siquiera si Sola existió nunca.

Pero los versos van. Como esos barquitos de papel que bajan los arroyos de la lluvia, pobres, desarbolados. Probablemente los hundirá el tiempo, sin arribar jamás a donde habita el corazón de Sola..., sin arribar al corazón de nadie.

Porque así son los niños.

I
ARCO DE MAZARELOS
—PRIMER ENCUENTRO—

Alba y
roja
sola
va
por las
rúas
hacia
Sar.

Y el viento,
que aleve
la envuelve,
la embebe,
girando en su danza,
le lanza
pétalos de nieve,
pero, como es ella
más blanca,
más pura, más leve,
el viento se amora
y ahora
se amansa, le implora,
se conmueve y llora:
¡llueve!

Alba y
roja,
Sola
va
por las
rúas
hacia
Sar.

II
PARQUE DE LA ALAMEDA
—PRIMERA CITA—

Ya no busco respuestas,
todo se me contesta con mirarte.
Eres, aquí y ahora,
lo que soñé de Dios.

III
PUERTA DE LAS TERESIANAS

Tu adiós, como una alondra
empapada de lluvia,
vuela a mí desde el nido
fugaz de tu garganta.

Me dejas la esperanza
y, en la mano
—*Llévatelo, no quiero que te mojes*—,
la seda abierta en flor de tu paraguas:

Pomo de tu perfume todavía,
bóveda de mi voz enamorada,
cáliz que volvió el Cielo por guardarte,
camarín de tu cara,
hogar de tantas horas compartidas,
única casa nuestra,
nuestra casa.

Antes de ir a soñarte,
asomo el corazón a la ventana
—*¿Vendrás por mí mañana si es que llueve?*—:
"¡Dios, que llueva mañana!".

IV
FACULTAD

Mañanas de tu cuerpo, real, rotundo, vivo,
frente a la teoría retórica del aula;
paisaje de tu nuca, cálida geografía
de caminos que no vienen en los mapas.

Se me aguaban los ojos cuando lo recorrían,
vaso de luna y rosas sobre la blusa blanca,
y, por no acariciarlo, mis dedos escribían
tu nombre en la madera: Cegadora del alba.

Poco queda de entonces, voces que ya no vibran,
caras sin nombre, nombres que ya no tienen cara,
el tuyo en un pupitre, quizás, y la agonía
de unos versos que velan la nieve de estas páginas...

Y tu nuca, tu nuca, tu nuca todavía,
entre ríos azules, sobre la estela blanca
de la blusa, tu nuca, presencia de otros días
en la cruz de este templo derruido que te guarda.

V
BONAVAL

Campanario, era junio, la ciudad atardecía
bajo un polen de plata tamizado de oro;
arriba, en el silencio, que de pronto se abría
al murmullo lejano de las voces de un coro,
inmóviles y mudos, mirábamos el mundo
aquel de lluvia y piedra que fue nuestro sagrado,
como mira la vida que deja el moribundo,
como ve distanciarse su tierra el desterrado.

Enmarcada en el vano del balcón, te envolvía
la tarde, que se iba como tú para siempre,
en un presentimiento de soledad que hacía
más cruel la despedida, más fugaz el poniente.

Quién pudiera fundirse contigo en el granito,
compartir el destino mineral de la piedra,
juntarse por los siglos, llegar al infinito
alma con alma como dovela con dovela...

Pero estaba allí el tiempo también y te volviste
y prendiste mi mano y tu mano temblaba.
Dijiste: "La hora pasa, se acerca el día triste"
y yo supe que era mi muerte quien me hablaba.

VI
ÚLTIMA TARDE EN LA HERRADURA

Antes de ayer fue ayer sin darnos cuenta.
Tu voluntad negaba y concedía,
incapaz de enfrentarse a mi agonía
desesperada de animal de tienta.

Cruel y humillada, dulce y violenta,
recité para ti la letanía
de mi rosario de melancolía,
ruego tras ruego, Sola, cuenta a cuenta.

Pero, cuando, rendida a la tormenta,
tendiste al fin tu boca hacia la mía,
rehuyó el beso mi amor, te protegía
de tu remordimiento por la afrenta.

Firmé así nuestro adiós, firma sangrienta
del pacto entre mis ansias y mi hombría;
negué al deseo lo que más quería...
Y ayer fue antes de ayer. Sin darnos cuenta.

VII
RETRATO ANTIGUO

Cima que nimba el cobre del crepúsculo,
flores cumbreñas se abren en tu frente
y en el nevero altivo de tu cara
fulgen dos cuarzos que la tarde ambara...

Tú no eres del mar,
te cincelaron
sobre la roca arisca de tu sierra,
dura, esquiva, distante, inasequible,
carne de nube, caridad de piedra.

Tú no eres del mar
y ay del marino
que tome por estelas tus senderos
y surque tus aristas de cuchillo,
ay del que crea viento de bonanza
la falaz brisa de tus ventisqueros;
ay del que, deslumbrado en su esperanza,
confunda tus barrancos con caminos
y se adentre en tu albur, montaña, a solas,
ay de quien sueñe que es de paz tu calma.

No, tú no eres del mar.

Pero yo soy tenaz como las olas
y he de ablandar la roca de tu alma.

VIII
—13 DE JULIO DE 1962—
ANTE SU ÚLTIMA CARTA

Vencido por amor, rodilla en tierra,
juro ante Dios que nunca mi agonía
ha de humillarte ni de hacerte guerra.
Desde ahora y para siempre, en este día,
pongo tu voluntad sobre la mía,
vencido por amor, rodilla en tierra.

IX
RETORNO

Te desperté por la palabra,
el verbo
se volvió carne tuya y tú asentiste:
"He aquí la esclava, háblame".

Y nos fuimos volcando simultáneos
una en el otro, inevitablemente,
la laguna en el mar, la ola en la fuente,
las esperanzas en los desengaños...

Pasaron días y llegaron años
y pasaron también y, de repente,
nos dijimos adiós, se estió la fuente
de la esperanza y fuimos dos extraños.

Pero volviste en la palabra,
el verso
se cubrió con la sombra de tu ausencia,
carne tuya en mi carne...
Bendita tú entre todas las tristezas.

X

Sola,
tú también una vez fuiste manzana
para la sed del hombre;
tú también una vez
escribiste en la arena
de un día que se fue con mi esperanza
y engendraste a tus hijos en dolor.
Fruto apenas maduro,
descubriste asombrada que el deseo
podía hacerse carne en tu regazo
y juntaste, milagros de la vida,
tu primer hijo y tu última muñeca.

Puede que hoy, arrumbada
en tu insondable soledad de objeto
tenido, te preguntes
si fue preciso, si valió la pena
quebrar las alas a la alondra aquella
que quiso huir de su destino un día,
y quizá llores al sentirte madre,
pero no de tristeza.
Sola,
yo sé lo que hace hermoso tu silencio.

XI
OTRO RETRATO DE ENTONCES

Tejió melancolía la seda de tu traje,
pincelada de niebla sobre la luz poniente
del otoño, tu pelo, rojo como el paisaje,
derramó la agonía del sol sobre tu frente...

Dueña de los crepúsculos, señora de los sueños,
volvías con la lluvia, primavera contraria,
en tus ojos, octubre, lejana de tus dueños,
destellando en corpúsculos como una luminaria.

Jugamos a creernos que el hoy era infinito:
tú lo enterraste todo, yo no añoraba nada,
sola tu voz en mi alma, tañéndome quedito,
como la lluvia en las campanas.

No supe retenerte, rayo que hiere y huye;
te busqué en otros ídolos, no cerraron tu llaga,
imágenes vacías que tu imagen destruye,
hogueras que el rocío de tu recuerdo apaga.

Voy a ti desde siempre, no acabaré el camino
−es muy corto ya el tiempo y mucha la distancia−,
caeré sin alcanzarte, moriré peregrino,
lucecita luciérnaga brillando en la nostalgia.

XII

Te quise tanto que te quise libre
y por tu libertad quedé yo atado
a este eterno presente del pasado,
aquel tiempo en que todo era posible.

Vivo en retroceder y un invencible
afán de continuar lo terminado
me hace girar en círculo cerrado
tras de un futuro ayer irrepetible.

La vida ha de avanzar y el amor niega
y ancla su garfio aún más y lo encarniza
y recurre al recuerdo y me doblega.

Y cede mi alma ante el recuerdo y, ciega,
se apoya en el amor que la esclaviza,
sin ver que es a la muerte a quien se entrega.

XIII

Su imagen va apagándose como el cielo al ocaso,
el olvido se tiende sobre el alma aterida
y me vuelve más leve la huella de su paso,
más borroso el camino que conduce a la vida.

Solo, en este escenario que es ya de otros actores,
vierto extraños poemas en oídos extraños;
un viejo loco que habla de unos viejos amores,
cosas que sucedieron hace miles de años.

Cuando el último sueño baje a cerrar mis ojos,
sé que vendrás, recuerdo, con ella de la mano,
la misma luz de entonces en sus cabellos rojos,
el mismo aroma tibio del heno en el verano...

Recuerdo de ella, eterno valedor de imposibles,
poeta que convierte lo perdido en cercano,
pan de las ilusiones en las horas terribles,
burlador de la muerte, lluvia en el alma, hermano.

Lluvia en el alma árida, por ti mi verso aún nace
y aun la rosa marchita del corazón perfuma,
por ti esta cruel mortaja de hielo se deshace...
Eres como un destello de abril entre la bruma.

XIV

Cuerpo de Sola, Sola
del alma, ya tan lejos
como el recuerdo incierto de una ilusión antigua,
esperanza de niño perdida entre los árboles,
tibia caricia amable...

No sé qué amargo viento te llevó de mi lado,
apenas deshojada la flor de tu silencio,
pero, al umbral del sueño,
me vuelves siempre
y me tejen suaves la tristeza tus dedos,
tus dedos que una vez quisieron, ¿lo recuerdas?,
anidar en mi mano.

Sola, dime, qué importa
que se desteja el hilo del tiempo en esta espera.
Ahora sabes que, el día
de lo imposible,
tendré para ti una resurrección
sin trompetas ni carnavales extraños;
que, entre la bruma de la noche,
dejaré siempre una luna llena
encendida, esperándote,
por si vuelves herida
de olvido y madrugadas
al hogar prometido de mis brazos,
a mis versos.

Y con mis brazos haré una cuna
y con mis versos una nana,
para mecer tus sueños, niña,
y que no se los lleve el alba.

Y no nos separará ya nadie,
y no nos separará ya nada:
ni los fracasos, ni los miedos,
ni los hombres, ni las palabras.

Y siempre será ya siempre siempre,
igual que hoy nunca es ya mañana...
En el umbral de lo imposible,
puerta con puerta de la nada.

XV
EL VIEJO CUADERNO

... Y las palabras
fueron borrándose en los versos, solo
quedan sillares sueltos, sombras, sílabas
liquenadas de otoños.

Ya nadie vive allí, ríos de olvido
derribaron los muros de la casa
que levantó el dolor, vientos de ausencia
apagaron la luz que la habitaba.

Restos sin voz, despojos sin sentido,
los años dispersaron las hiladas
de la estrofa. También el arquitecto,
el ingenuo alarife que labraba
eternas las columnas del poema
—arena sobre arena, hielo al alba—,
terminó, degradado por el tiempo,
en humilde albañil de la nostalgia...

Y ese vórtice pardo detenido
sobre la nieve mustia de la página,
esa flor de ceniza desvaída,
da igual hoy si fue vino, sangre o lágrima.

XVI

Cuando yo me muera, quién
te dirá que ya me he muerto,
quién enviará su voz
por los caminos del viento
a decirte: "El que te quiso
ya es tierra de su destierro";
qué campanas doblarán
para anunciar mi silencio;
en qué tarde, en qué mañana,
en qué lugar, en qué tiempo,
se entreabrirá la ventana
tapiada de tu recuerdo
y dejará entrar mi nombre,
por un instante, de nuevo...

Y quizá a tus labios
vuelvan como un rezo
los viejos poemas
de los días viejos,
quizá mis palabras
rocen en tu aliento
como el adiós tibio
de un último beso.

Y quizá otras tardes
de un lejano tiempo,
cuando tú y yo solo
seamos ya cieno,
otras voces nuevas
con el mismo anhelo
para otros amores
repitan mis versos:

"Cuando yo me muera, quién
te dirá que ya me he muerto".

XVII

Así fue, ojos de otoño, me negaste tu mundo
para siempre y cerraste el libro de mis horas.
Yo desde entonces sigo camino tumbo a tumbo;
tú desde entonces callas y niegas lo que añoras.

Decir que era posible es decir que no ha sido;
creer que era imposible es no creer en nada,
vivir en la conciencia de que no hemos vivido,
en un sí, no, sí absurdo de esperanza aplastada.

Adiós, ojos de otoño, te dejo este latido,
la rebelión postrera de esta última llamada,
antes de ir cada uno por su lado al olvido.

Si así lo quieres, miéntete que fue un tiempo perdido,
que aquel encuentro nuestro no tenía sentido,
que tú y yo hemos venido al mundo para nada.

XVIII

La llamé Sola, solo un nombre
para nombrar a la innombrada...

¿Cómo era Sola?, cada día
te daré otra respuesta, cada hora
te diré otras palabras,
que se contestarán con un "tampoco",
allá, en el fondo de mi alma.

¿Cómo era Sola? ¿Qué colores
pueden pintar el viento?, ¿qué mirada
puede abarcar el universo?,
¿qué relojes
medir la eternidad?
o ¿qué guitarra
tocar las notas del silencio?
Ay, ¿qué puñal herir tan hondo el alma?

Era el pasado hecho presencia,
era el futuro hecho añoranza,
esa nostalgia de las cosas
que no conoces y que amas...

La llamé Sola, solo un nombre
para nombrar a la ignorada.

XIX

Es el momento
de recoger las horas muertas
y detener el paso,
de aprovechar el tiempo
en que el aire es aún cálido
y separarse para siempre
de ese viento que empuja hacia delante.

Volver
a los lugares donde aún queda
olor a rosas de antiguos veranos
que fueron nuestros,
el eco de las voces que pasaron,
y allí
abandonarse humildemente al polvo.

Es el fin del camino,
es el momento
de detener el paso.

XX
CODA PÓSTUMA

Ya te alcanzaré en la muerte,
el último verso irá
a guiarte y a traerte
más allá.

Mi alma, que va hacia tu alma
como el mercurio al mercurio,
dará paz a tu agonía
y te abrirá en los espejos
del tiempo los días viejos
que fueron nuestros un día.

Dios uno, nuestra Verdad,
por no amar en soledad
es Dios trino;
le imploro por caridad
que haga de tu eternidad
mi destino.

Si, desde que te perdí
en el mundo, no viví
más que añoranza,
aún espero
ser uno contigo aquí.
O la nada.
Porque, así,
vida y eterna y sin ti
no la quiero.

ÍNDICE